ESPAGNE

---✦---

NOUVELLES ÉTUDES

ÉCONOMIQUES & FINANCIÈRES

PAR

EUGÈNE PÉPRATX,

CHEVALIER D'ISABELLE-LA-CATHOLIQUE,

Membre de la Société Agricole, Scientifique et Littéraire

DES PYRÉNÉES-ORIENTALES.

PERPIGNAN

IMPRIMERIE DE CHARLES LATROBE,

1, Rue des Trois-Rois, 1.

—

1880

ESPAGNE

NOUVELLES ÉTUDES
ÉCONOMIQUES & FINANCIÈRES

PAR

EUGÈNE PÉPRATX,

CHEVALIER D'ISABELLE-LA-CATHOLIQUE,

Membre de la Société Agricole, Scientifique et Littéraire

DES PYRÉNÉES-ORIENTALES.

PERPIGNAN

IMPRIMERIE DE CHARLES LATROBE,

1, Rue des Trois-Rois, 1.

—

1880

ESPAGNE

~~~~~*~~~~~

Patriotisme et Chauvinisme.

Aimer son pays est un des premier devoirs de l'homme et un
de ses plus nobles sentiments ; étudier les nations voisines et
les faire connaître, chercher à l'Étranger les enseignements
que nous pouvons y puiser, c'est être utile à son pays. L'amour
de la patrie ne nous empêche pas d'estimer les peuples qui
vivent à côté de nous et avec lesquels nous avons de fréquentes
relations. L'amour de la patrie, a dit le sage Silvio Pellico, ne
nous autorise pas à haïr le reste de l'humanité. C'est un chau-
vinisme absurde et ridicule celui qui nous fait traiter de misé-
rable tout ce qui n'est pas notre bourg, notre province, notre
nation : Un patriotisme illibéral, haineux, féroce, au lieu d'être
une vertu est un vice.

Ceci dit pour prévenir de sottes et méprisables insinuations,
nous offrons au public, qui nous a fait deux fois bon accueil, de
nouvelles études sur l'Espagne. D'autres ont chanté « les grands
yeux noirs derrière les jalousies, les nuits resplendissantes
d'étoiles, les mantilles, les sérénades, les balcons, les échelles
de soie, les allées de l'Alhambra, les voûtes de l'Alcazar, l'Es-
curial, le Manzanarez. » Nous aussi, nous avons conservé de
ce pays de bien agréables souvenirs, et nous avons éprouvé
des sensations qui ne s'oublient jamais. Mais depuis quelques
années, guidé par les conseils d'un homme éminent qui sait

unir l'amabilité la plus exquise à un profond savoir, nous avons abordé les questions économiques et financières, nous avons pris les chiffres corps à corps, et nous en avons compris toute l'irrésistible éloquence.

La part que la France a prise dans les grandes affaires industrielles de l'Espagne est considérable, les capitaux prêtés aux banques, aux villes, à l'État sont importants; il est donc indispensable, et en agissant ainsi nous croyons faire œuvre de bon Français, d'éclairer les personnes qui, faute de renseignements certains, se laissent aller au courant tantôt optimiste, tantôt pessimiste, et prêtent l'oreille aux racontars plus ou moins intéressés et mensongers.

Situation, 1877-1880.

En 1877 nous écrivîmes deux brochures; nous reçûmes de nombreux et bien précieux témoignages de sympathie; *La Epoca* et d'autres organes de la presse de Madrid nous firent l'honneur d'en publier plusieurs extraits. L'Espagne est fière et sensible à l'offense, mais elle est plus sensible encore à toute marque d'estime qu'elle juge sincère; elle nous l'a prouvé, et nous saisissons avec empressement l'occasion de lui montrer notre reconnaissance.

En 1877 nous disions : « Notre mot d'ordre est courage et « confiance. Nous pouvons certifier que la situation s'améliore « tous les jours. L'impulsion est vigoureuse, elle doit être « féconde; le mouvement en avant est très marqué; le progrès « a lieu sans discontinuer. Le réveil est magnifique et prouve « que la vitalité de ce noble pays est prodigieuse. La recons- « titution sera très rapide, et les heureux résultats s'en font « déjà sentir au profit de tous. »

Nous adressant aux porteurs du 3 % Extérieur, très nombreux autour de nous, nous affirmions que « tout militait en « faveur de la progression des cours, et partant, de la plus- « value du Capital. C'est une vraie régénération des finances

« qui s'opère, grâce à la ferme volonté du Roi, et aux efforts
« persévérants de ses Ministres. Au cours actuel de 10 f. les
« acquéreurs de Rentes ont de grands avantages. »

Or voici l'appréciation que nous trouvons en mars 1880 dans
la *Semaine Financière*, journal dont les avis ont un très
grand poids dans le monde des Banquiers, et dont la réputation
est européenne ; nous ne donnons pas l'opinion de quelque
Égérie tripoteuse, payée pour attirer les naïfs dans une bouti-
que d'émissions et d'agiotages. Nous prenons le journal financier par excellence, celui qui, depuis longues années, a su
conquérir le premier rang : « Le mouvement de hausse continue
« sur toutes les valeurs espagnoles, et ce mouvement n'est pas
« le résultat de la spéculation : l'argent a pris confiance et
« cherche dans les fonds de l'État un placement sûr et lucratif.
« La situation intérieure de l'Espagne, satisfaisante au point
« de vue politique et économique, inspire confiance aux capi-
« taux étrangers. On signale d'autre part une reprise assez vive
« dans les affaires commerciales et industrielles. »

Hausse des fonds Espagnols.

Pour un observateur attentif il est quelquefois facile de
rendre un oracle plus sûr que celui de Calchas ; notre prophétie
se réalise ; nos espérances sont dépassées. Nous comptions sur
une amélioration, elle est grande et rapide. Si l'on jette les
yeux sur les cadrans Parisiens, Hollandais, Anglais, Belges et
Espagnols on trouve, à notre grande satisfaction, les chiffres
bien changés. Il se négocie surtout sur ces diverses places trois
sortes de Rentes Espagnoles : le 3 °/₀ Intérieur, le 3 °/₀ Extérieur, et le 2 °/₀ Extérieur. Or l'Intérieur coté 9 fr. en 1877,
est actuellement à 16 fr. L'Extérieur 3 °/₀ qui était à 9 fr. ³/₄
est à 17 ¹/₂. L'Extérieur 2 °/₀ qui faisait 26 fr. 50 fait 39 fr. ¹/₂.
Quant à l'obligation Madrid 1868 qui s'échangeait en Banque
à 32 fr., elle a été vendue fin avril dernier à 70 fr.

C'est donc pour ceux qui ont suivi nos conseils, et nous nous plaisons à dire que beaucoup nous ont écouté, un bénéfice actuel de 66 % sur le premier, de 77 ¹/₂ % sur le deuxième, de 65 sur le troisième et de 115 % sur la quatrième.

Les cours s'arrêteront-ils là ? Sont-ils surfaits ? Nous ne le croyons pas. Ces limites seront aisément franchies. Ces valeurs sont bien classées, et nous disons nettement : Achetez, achetez encore, achetez toujours, surtout des rentes. Il peut bien y avoir quelque moment d'arrêt ; la spéculation voudra faire des siennes ; la marche sera peut-être ralentie quelquefois, tant mieux ! Il ne faut pas que l'impatience se mette de la partie ; une précipitation mal entendue serait nuisible. Il n'y a pas de mouvement de hausse durable produit par la seule spéculation, il faut qu'il soit aidé par l'Epargne ; le concours du comptant est indispensable pour que le mouvement ascensionnel prenne un développement régulier et continu. Quand une personne veut placer une somme d'une certaine importance que demande-t-elle ? La sécurité du capital, l'importance du revenu. Ces conditions sont réunies dans les Rentes Espagnoles. Plus de vaines inquiétudes pour les porteurs anciens, plus d'indécisions pour les acquéreurs du jour. Qu'ils fassent fi des murmures de certains critiques ; nous en connaissons qui savent souffler le chaud et le froid ; véritables canards qui barbotent en eau trouble ! Seraient-ils canards à trois becs, ne les écoutez jamais ! Aux incrédules de bonne foi nous leur demanderons de se rendre compte par eux-mêmes, de ne point faire comme le singe de la fable qui n'oubliait qu'un point, celui d'éclairer la lanterne.

Nous avons, nous, étudié la question ; nos motifs de confiance sont basés sur l'examen et sur la connaissance de la situation.

S. M. Alphonse XII.

A l'avènement de Sa Majesté Alphonse XII les embarras étaient grands : administration mauvaise, révolte dans les colonies, guerre civile, sources des recettes du Trésor taries,

accumulation des déficits antérieurs. Véritable chaos partout !
Mais l'activité, l'intelligence et la loyauté du gouvernement,
attaquant de front les difficultés les plus graves, ont renversé
tous les obstacles ; la situation cessa bientôt d'être critique,
elle est bonne aujourd'hui. Est-ce à dire qu'il n'y a plus rien
à faire ? Certes nous ne l'affirmons pas, et le gouvernement
continue son œuvre avec persévérance et énergie. En avant
disent les Américains, toujours plus loin, telle est la devise des
Espagnols.

L'Espagne est satisfaite de sa Monarchie, qui loin d'étouffer
et d'opprimer la liberté, donne toutes les libertés vraies, qui
loin de chercher querelle aux autres nations, ne cherche qu'à
faire marcher les affaires du pays, et ne se mêle nullement des
affaires des autres. Sa position géographique la met à l'abri de
cette incertitude croissante, de ce malaise indéfinissable que
crée à la plupart des peuples de l'Europe la formidable paix
armée, vrai gaspillage de forces et d'énergies humaines.

Le Souverain ne veut que le bonheur de ses sujets ; et les
lâches attentats de quelques hommes égarés n'ébranleront pas
son courage. Peu importent les attaques indirectes ou les per-
fides manœuvres de quelques adversaires. Il n'y a d'arbres
forts et solides, a dit Montesquieu, que ceux battus par les
vents. Le respect et l'admiration de son peuple sont acquis à
Alphonse XII. Après les coups de pistolet d'Otero, le Palais-
Royal fut envahi par une foule de personnes de toutes conditions sociales, parmi lesquelles on constata avec bonheur les
députés de la minorité : tous vinrent acclamer le Roi et lui
donner les marques les plus chaleureuses de leur sympathie.
A l'Opéra l'accueil fut des plus enthousiastes, et l'ovation faite
le lendemain à la promenade fut extraordinaire. Aujourd'hui
tout entier à la réorganisation de son pays, le jeune Monarque,
sûr de son peuple et confiant en Dieu, fait marcher de pair
les questions militaires et administratives avec celles d'échange,
de douane, de salaire, d'exportation et d'importation. Sa Majesté

a entrepris une glorieuse tâche. Ses efforts ont été déjà récompensés par les plus satisfaisants résultats. Il a voulu le bien, il veut à présent le mieux.

Pax et Caritas.

L'Espagne désire la paix ; elle lui est nécessaire, et à moins d'offenses graves, aucun cri belliqueux ne partira du sein de cette nation. Nous aimons à répéter les vers qu'un poète catalan a intercalés dans la Sérénade de *Marina,* « Francia y España « son Germanas. » Nous aimons aussi à nous souvenir du toast de la presse espagnole à la presse française, parce qu'on ne pouvait mieux exprimer le sentiment intime qui est dans le cœur de tous les Espagnols : « Nous formons des vœux sincères pour que la reconnaissance rende indissolubles les liens que la Charité a créés entre les deux nations. » — « Il n'y a plus de Pyrénées, la politique l'a dit jadis, la Charité le prouve aujour-d'hui, » a écrit Son Excellence M. le Marquis de Molins.

Les assurances les plus formelles du désir de maintenir les bonnes relations ont été souvent échangées entre les deux gouvernements. Aucune jalousie, aucune rivalité ne peut exister entre les deux pays. Aussi évitons-nous dans notre travail, tout parallèle, toute comparaison entre eux. Nous savons très bien que tous les deux ont été dans le passé, sont actuellement et seront dans l'avenir deux grands pays ; et que si l'on a pu dire de l'un à la fin du xv° siècle « Cuando se mueve España la tierra tiembla, » on a dit plus tard de l'autre : « Quand la France est satisfaite, l'Europe est tranquille. » Le Ciel, suivant la belle parole d'un historien, a si bien fait la part des deux sœurs latines et voisines sur la carte de l'Europe, qu'il semble avoir voulu leur éviter toute occasion de discorde.

Richesses nationales.

Les Espagnols, libres de toute inquiétude au dedans et au dehors, ont fait devigoureux efforts pour accroître les richesses nationales, et par suite reconstituer les finances et rétablir le crédit de l'Espagne. *O Fortunatos nimium sua si bona nôrint*, a dit le divin Virgile. Les habitants de la Péninsule connaissent leurs biens, ils font mieux, ils les exploitent, ils font mieux encore, ils les exportent. Ils savent que le travail seul crée la richesse et que le commerce l'augmente en la distribuant. Les habitudes d'ordre, de prudence, d'économie ont pénétré jusqu'aux provinces les plus reculées ; l'élan est donné, l'esprit d'association se fortifie ; on connaît aujourd'hui la puissance de la collectivité et de la solidarité des forces.

L'agriculture, le commerce et l'industrie prospèrent de plus en plus.

Mines.

Il y a peu d'années, l'Espagne était tributaire de l'Angleterre pour la houille, ce pain de l'industrie ; aujourd'hui elle peut se suffire ; la compensation est établie entre la production et la consommation. La marine militaire ne brûle plus que du charbon espagnol, dont les arsenaux sont toujours amplement approvisionnés.

Les mines des Asturies et des Pyrénées, dont la puissance de couche est énorme, et qui étaient peu exploitées, seront bientôt non-seulement suffisantes pour les besoins intérieurs, mais encore assez riches pour fournir à l'exportation. L'outillage se perfectionne ; les menus, naguère inutilisés, sont transformés en coke et en briquettes ; les installations sont appropriées à l'aménagement et à l'écoulement d'une immense quantité de houille.

L'industrie minière prend un développement considérable : Il y a en Espagne plus de 50.000 gîtes de mines.

> Partout on voit des forges sombres
> Qui semblent au sein des ombres
> Des soupiraux de l'enfer.

Les minerais de fer sont travaillés dans de grandes et belles usines ; grâce à la hausse des prix le marché minier a pris en

1879 et 1880 une grande animation ; de nombreux visiteurs
étrangers, capitalistes, ingénieurs, industriels étudient la valeur
des gîtes. Cette activité fiévreuse est encouragée surtout par
un phénomène économique très remarquable : Les États-Unis,
malgré les progrès de la métallurgie, ont eu des besoins bien
supérieurs à la production, et ont demandé d'immenses quan-
tités de fer. Aussi les prix se sont-ils élevés de 7 fr. 50, prix
moyen de l'an dernier, à 8, 10, 12, 15 et 17 fr. 50. On parlera
longtemps à Bilbao de l'achat fait d'un coup de 150,000 tonnes
par la maison Bolkow Vaughan.

Un grand nombre de bras sont occupés aux mines de fer, de
cuivre, de plomb, d'étain, de zinc, d'argent, de mercure, d'an-
timoine, de lignite, de houille, de cobalt ; — nous citerons
parmi les plus remarquables de ces mines, celles de plomb de
Linarès, de plomb argentifère de l'Horcajo, d'argent de Car-
thagène, de mercure et de plomb d'Almaden, de zinc et houille
d'Oviedo et de Murcie. — Il nous est facile de visiter à nos
portes les galeries de San Juan de las Abades as, dans les
Pyrénées, dont les affleurements se prolongent sur les bords
de la Muga, près de Saint-Laurent-de-Cerdans.

Produits divers. — Vins.

Parmi les produits industriels nous mentionnerons la grande
importance qu'ont prise les filatures de coton de Barcelone, de
laine à Palencia, aux Baléares et à Alicante, de soie de
Valence, de toiles de Galice, les fabriques d'aciers de Tolède
et de glaces de Saint-Ildefonse, les fonderies de Mieres et de la
Falguera, de cristaux de Gijon.

L'exportation des raisins secs et des oranges a pris de
grandes proportions et s'accroîtra encore par suite des démar-
ches qui se font à Londres et à New-York pour la réduction
des droits d'entrée.

Les traités de commerce, vient de dire un grand orateur,

adoucissent et atténuent les froissements entre les nations. Il y a là une question à la fois sociale et économique. Le traité de commerce qui a été conclu avec la France en décembre 1878 et qui a rendu fécondes et étroites les relations entre les deux nations sœurs, n'aurait-il eu que cet avantage, devrait être approuvé ; mais il a été encore d'un intérêt incontestable. Il est prouvé que plus les barrières de douane s'abaissent, plus les transactions augmentent. Grâce surtout à l'Espagne le déficit de 50.000.000 d'hectolitres dans notre production vinicole sera comblé, et cependant malgré la quantité des vins importés en France cette année, la viticulture n'a pas trop souffert puisque les prix ont été et sont très rémunérateurs. Certains se plaignent de voir les vins étrangers venir faire concurrence sur les marchés français aux produits de nos vignobles ; mais en pareille circonstance la chose la plus importante est de satisfaire aux besoins de la consommation, lorsque notre production est insuffisante. L'Espagne a pu nous envoyer depuis le commencement de la campagne, par les seuls ports de Marseille, Cette et Port-Vendres, une moyenne de 49.000 hectolitres par semaine. D'après le relevé de février le port de Tarragone a embarqué 30.203 pipes de vin. En février il a été exporté 721.142 hectolitres de vin représentant une valeur de 26.064.980 piécettes, et sur ces chiffres la France a reçu 536.368 hectolitres valant 16.717.889 piécettes. Les acheteurs français pénètrent même dans la Manche, et on nous écrit de ce pays que de très grands achats sont opérés ; une maison française disposant d'un fort capital vient de s'y établir et d'y fonder une importante distillerie, qui utilisera tous les vins de la campagne environnante.

La culture de la vigne marche très bien en Espagne depuis quelques années. La grande exposition de Madrid donna la mesure de ce dont ce pays est capable. On y vit figurer les produits si riches en couleur et si solides de la Catalogne, de Valence, d'Alicante, de l'Aragon et de la Navarre. A côté des vins noirs de table de Valdepeñas et d'Arganda, figurèrent des vins blancs très réussis de Rueda, Manzanilla, San-Lucar, et les incomparables vins de dessert de Rota, de Malaga et de Jérez.

En Espagne les terrains sont variables à l'infini : il y a des régions alpestres et des régions tropicales, et l'on y récolte toute espèce de vins, depuis le plus léger jusqu'au plus généreux, depuis le plus clairet jusqu'au plus monté en couleur. Cette année paraît devoir être très favorable à la culture de la vigne. On nous annonce aussi que les récoltes en terre ont un aspect magnifique ; on s'attend en céréales à une année exceptionnelle.

Routes et Chemins de fer.

On affirmait souvent autrefois que la Péninsule avait d'immenses richesses inertes, immobilisées à cause du manque de bras et surtout de moyens de communications. Les bras sont devenus très abondants parce que l'émigration diminue de jour en jour ; nous citerons pour exemple l'Estramadure, si peuplée et si fertile du temps de la domination romaine, et naguère si triste et si déserte. Des essais de la culture de la vigne y ont été faits sur une grande échelle et ont parfaitement réussi ; l'émigration qui, de cette province se portait vers l'Afrique et l'Amérique, a été enrayée.

Le Gouvernement, persuadé de la vérité de cette idée que la circulation est la civilisation, travaille constamment à sillonner la Péninsule de canaux, de grand'routes et de chemins de fer. Nous avons naguère parcouru plusieurs provinces et nous avons partout trouvé des *carreteras* bien établies et bien entretenues. On nous a signalé la prochaine mise à exécution d'un vaste projet de canaux agricoles, qui augmenteront la production en utilisant les eaux pour l'arrosage, en submergeant au besoin les vignes malades, en permettant de bâtir sur leur parcours de nombreuses fabriques et usines.

Quant aux chemins de fer c'est une vraie fièvre de construction. Les concessions se succèdent rapidement. En février dernier, Sa Majesté le Roi, suivant l'avis de ses ministres, et la commission des deux provinces intéressées, les Asturies et la Galice, entendue, approuva la concession de la ligne du Nord-Ouest, consentie au profit du syndicat des établissements de Crédit Français représenté par M. Donon. N'écoutant que la justice, il jeta ainsi la pomme sinon aux plus dignes, du moins à ceux qui présentaient le plus d'avantages, le plus de surface, le plus de garanties. Dans le cours de 1879 une concession a été faite de la ligne de Médina-del-Campo à Salamanque et de là à la nouvelle ligne portugaise de la Béïra-Alta, dont la construction reliera directement les lignes du nord de l'Espagne aux réseaux portugais. On parle de l'ouverture des travaux de la ligne de Hérès à Algésiras, de Mengivar à la ligne de Cordoue, de Linarès à Almeria. La Compagnie de Ciudad-Réal à Badajoz a été autorisée par subvention de l'Etat à établir une ligne de Puertollano à Cordoue. La circulation a été ouverte le 15 mars entre Séville et Huelva. Le 26 mars la Chambre a pris en considération le projet du député Balaguer, et on mettra sous peu la main au tracé du chemin de fer direct de Barcelone à Madrid, qui raccourcira la distance de 12 heures entre les deux principales villes d'Espagne.

Les plus grandes maisons du continent n'hésitent pas à continuer leur confiance aux lignes Espagnoles. Le journal l'*Europe* annonçait dernièrement les achats faits sur une grande échelle d'actions de Ciudad-Real à Badajoz par la maison Rosthchild. Du reste un coup d'œil sur l'échiquier financier fait voir une notable plus-value sur les actions et les obligations. Nous nous contenterons de signaler les obligations de Tarragone-Barcelone-France par Figueras, qui sont montées rapidement de 248 à 296, et qui continuent à être très recherchées à ces derniers prix.

Les recettes des lignes Espagnoles augmentent chaque année. Le bulletin comparatif du 1er janvier au 31 mars des deux années 1879 et 1880, donne les résultats suivants :

Lignes	1880	1879	Différence en faveur de 1880.
Madrid-Saragosse-Alicante	8,601,061	8,269,910	331,151
Nord de l'Espagne	5,659,699	5,288,910	430,794
Pampelune Barcelone	3,870,142	3,051,424	818,718
Tudela à Bilbao	1,061,076	1,053,387	8,389
Ciudad-Réal à Badajoz	1,251,555	907,292	344,263

Impôts.

Les impôts rentrent avec facilité, nous pouvons ajouter avec équité, ce qui n'avait pas lieu naguère. Pendant longtemps le commerce et l'industrie ont cherché à se dérober de la même façon que la propriété foncière ; le Trésor y perd beaucoup et le contribuable de bonne foi paie le tiers ou le double en sus de ce qu'il devrait payer, tandis que son voisin ne paie presque rien. Le Gouvernement ne veut plus piétiner sur place. Certaines individualités, même marquantes, dussent-elles en souffrir, le fer sera mis à la plaie. Nous avons vu avec plaisir le projet de changements dans la répartition des patentes et de la contribution directe. Plus de répartitions arbitraires ; les patentés pourront recourir à l'autorité supérieure qui aura le droit de contrôler les décisions de chaque corporation. Il faut que l'on arrive à ce que la contribution des patentes soit payée par tout individu, Espagnol ou étranger, qui exercera en Espagne un commerce, une industrie, une profession, sauf quelques rares exceptions déterminées par la loi.

Pour faire cesser les occultations de propriétés foncières qui ne sont pas inscrites et ne paient pas de contributions, il est nécessaire de refaire le cadastre. Plus des deux cinquièmes de la superficie totale étaient jusqu'ici exempts d'impôts. Les superficies qui ont servi de bases aux contributions sont complètement erronées ; il est facile de s'en assurer en comparant la quantité des hectares imposés avec la quantité des hectares relevés dans plusieurs provinces par l'Institut géographique. Le cadastre pour être bien fait doit déterminer le revenu net imposable de tous les immeubles quels qu'ils soient, prés, vignes, champs, bois, etc., maisons, usines, manufactures, et en général de tout ce que l'on appelle bien au soleil ; il faut que la répartition de l'impôt soit faite par égalité proportionnelle.

Le Gouvernement en donnant une grande impulsion aux entreprises d'arrosage, transformera la nature du sol, assurera aux propriétés un revenu réel, et à l'Etat un produit sur des terres qui ne produisaient rien.

L'impôt de 1 % sur le produit brut des mines était illusoire par suite de nombreuses fraudes ; l'administration y a remédié et à partir du 16 mars, tout minerai circulant à l'intérieur doit être muni d'une *guia*, faute de laquelle les contrevenants se verront appliquer de fortes amendes.

Titres de Rentes.

Nous avons justifié par l'examen des principales ressources le bien fondé des appréciations favorables que nous avons formulées, nous passerons à l'étude de la question financière et nous ferons connaître à nos lecteurs le mécanisme de la dette Espagnole. Mais avant le terrain doit être déblayé d'un incident dont on a parlé il y.quelque temps et autour duquel on a cherché à faire un certain bruit : une forte livraison de titres de rentes a fait découvrir un certain nombre de titres faux. Ces titres étaient si bien fabriqués que des agents Espagnols à Paris ont pu croire qu'ils étaient bons. — De là quelques hauts cris ! — Ces agents avaient parfaitement le droit, étant consultés, de déclarer leur façon de penser, mais comme simples particuliers, et n'engageant nullement, en agissant ainsi, ni leur responsabilité, ni celle de leur Gouvernement. Il y a des titres faux, c'est malheureusement trop vrai, mais où sont-ils faits, par qui ? N'avons-nous pas vu les Banques prendre des mesures énergiques et refuser de rembourser ou d'échanger les billets faux ? Faut-il pour cela jeter le discrédit sur le papier-monnaie ? Que de fois les journaux signalent-ils l'émission de pièces fausses ! Faut-il pour cela envoyer au creuset toute la monnaie-métal ? Du reste on a signalé à la même époque aux Bourses de Berlin et de Vienne un certain nombre de titres Hongrois et Autrichiens falsifiés, entr'autres des obligations de l'Emprunt de 1864. Le même fait s'est produit à Livourne et à Rome pour des titres Italiens. C'est à la justice à rechercher et à punir les audacieux faussaires. Les Gouvernements s'en préoccupent, mais n'en sont nullement ébranlés dans leur crédit, et ces incidents ne doivent pas jeter le moindre trouble dans les transactions, dans l'achat ou la vente des titres.

S. E. M. Cos-Gayon.

L'Espagne a eu la bonne fortune d'avoir à l'administration des finances des hommes énergiques, doués d'une honorabilité à toute épreuve, d'une infatigable activité, qui ont très-bien secondé la hauteur de vues du Président du Conseil et le génie innovateur de Sa Majesté le Roi. Les changements ministériels qui ont eu lieu en mars étaient nécessités par la maladie du regrettable M. Orovio. Son successeur M. Cos-Gayon a fait toute sa carrière aux finances ; excellent choix, étant donné son activité peu commune et les connaissances spéciales qu'il a acquises dans son département. Son Excellence a travaillé aux budgets et il lui est très facile de les présenter et de les défendre.

Dette publique.

Voici un état du montant nominal de la dette au 1er décembre 1879 :

Dette consolidée.

	Pesetas.
Dette 5 % des États-Unis	3.000.000
Rente perpétuelle intérieure	3.388.804.349
Rente perpétuelle extérieure	4.094.957.000
Inscriptions intransférables en faveur de corporations civiles.	537.338.198
A reporter	8.024.099.547

Pesetas.

$$Report......\ 8.024.099.547$$

Inscription en faveur du Clergé.

Pour biens vendus en vertu du Concordat du 16 mai 1851..	11.813.910
Pour la permutation convenue avec Sa Sainteté le 25 août 1859 ;......	358.973.060

(dont les intérêts ne sont pas compris au budget parce qu'ils sont compris dans la dotation du culte et du clergé séculier).

Dette amortissable.

Actions de routes..	17.384.500
Actions de travaux publics...................................	13.226.500
Obligations de chemins de fer...............................	659.420.500
Matériel du Trésor...	184.564
Dette amortissable 2 % intérieur...........................	408.804.997
Dette amortissable extérieure..............................	286.656.000
Dettes anciennes convertibles en consolidés...............	206.653.191
Total........	9.982.216.769

Ainsi en compte rond dix milliards. Ce chiffre n'a rien d'effrayant comparativement à celui d'autres Etats dont les ressources ne sont pas supérieures à celles de cette nation. Le mot de milliard, ce fil d'or qui étiré ferait le tour du globe, est devenu aujourd'hui très familier en matière de finances ; il ne cause plus ni dans les Parlements ni dans le public la même impression qu'à l'époque où le général Foy, pour donner une idée de l'énormité de la somme, s'écria qu'il ne s'était pas encore écoulé un milliard de minutes depuis la naissance de Jésus-Christ !

Budget.

S'appuyant sur l'état de la Dette, S. Em. M. le Ministre des Finances a présenté aux Cortès le budget 1880-1881. Des chiffres que comportent les divers chapitres, il ressort que les recettes sont de 792 millions de pesetas et les dépenses de 829 millions ; il y aura un déficit de 37 millions. Or pour l'exercice 1878-1879 le déficit avait été de 72 millions, et pour celui de 1879-1880 de 66 millions. L'amélioration est très sensible : les différences entre les dépenses et les recettes dimi-

nueront chaque année, et dans un espace de temps assez facile à déterminer, le Budget espagnol s'équilibrera.

Le Ministre a déclaré qu'il respecterait tous les engagements contractés par le Trésor public et qu'il maintiendrait l'amortissement de la Dette ; il a démontré d'une manière concluante que l'on pourrait sans difficultés faire face à l'augmentation des intérêts garantis de la Dette de l'État à partir de 1882. La situation du Trésor n'exigera pas que l'on sollicite un nouveau crédit extraordinaire.

Aucun nouvel impôt n'a été demandé.

Pour le service de la dette flottante, le Gouvernement a demandé l'autorisation de se procurer les sommes au moyen de délégations sur les recettes du budget actuel. Les travaux publics ont contribué à former le déficit ; or ce sont là des dépenses très productives pour la nation ; les douanes ont dépassé les prévisions et continuent leur mouvement ascensionnel tant au point de vue des recettes qu'à celui des chiffres généraux par lesquels se mesure l'activité du commerce extérieur.

Le Parlement, où du reste une majorité considérable et compacte est acquise au Gouvernement, a écouté avec la plus grande attention la lecture du Budget, et a accueilli avec satisfaction la conclusion des motifs et les bases du projet.

Voici en quels termes s'exprime l'*Economist*, journal anglais : Le Budget de l'Espagne, qui, en 1865, était de 26.250.000 l. s., est, en 1879, de 30.100.000. Celui de l'Italie, qui était de 36.300.000, est de 56.500.000. Et, fait remarquable et plein d'enseignements : Les dépenses militaires de terre et de mer, qui étaient pour l'Espagne de 6.000.000 l. s., sont encore de 6.000.000 en 1879. Pas d'augmentation par conséquent sur ce chapitre.

Nous ferons remarquer que l'Angleterre elle-même a été en déficit dans ces trois dernières années : Le total des découverts est de 8.100.000 l. s. ; dans ce chiffre l'exercice 1879-1880 figure pour 3.340.000 l. s.

Cuba.
L. E. MM. Canovas-del-Castillo, Elduayen et Sanchez-Bustillo.

Le 19 février, M. Elduayen, Ministre d'Outre-Mer, a lu aussi au Congrès le projet du budget de Cuba pour 1880-1881. Depuis M. Elduayen s'est chargé de l'important Ministère d'État où il pourra déployer cette grande aptitude pour les affaires administratives et cette finesse dans les jugements qui lui ont valu une si brillante réputation. Son successeur, M. Sanchez-Bustillo, était le président de la Commission chargée de l'examen des budgets et des projets financiers de Cuba. Il se présente donc avec la connaissance la plus approfondie des questions à défendre devant les Chambres. Aussi son premier essai a été un coup de maître et son discours a été très apprécié.

Les dépenses de Cuba sont fixées à 37.949.592 piastres et les recettes à 38.171.100, ce qui donnerait un excédant de recettes de 321.508 piastres. La liquidation des dettes du Trésor antérieures à celles de 1878 et celles des déficits 1878-79-80 est demandée.

Il faut obtenir l'Unification de la Dette de manière qu'il n'y ait plus qu'une classe de papier. On y arrivera au moyen d'un amortissement lent, en y affectant la quotité annuelle la plus petite possible. Ainsi seraient diminuées d'une façon sensible les charges qu'imposent les créances réunies de la Banque Hispano-Coloniale et de la Banque-Espagnole.

Il faut que désormais Cuba, ce beau joyau, cette perle des colonies, brille d'un nouvel éclat sur le diadème de l'Espagne. On agite aux yeux des timorés le spectre de l'insurrection, mais les dépêches officielles annoncent que cette insurrection est considérée comme réprimée et qu'il n'existe plus qu'un petit nombre d'hommes errant à la débandade. Il y a encore à Cuba des ennemis de l'Espagne, mais quels qu'il soient on les poursuivra ; l'immoralité de l'administration cubaine est traquée, et les mauvais fonctionnaires, qu'ils soient en haut ou en bas de l'échelle, seront remplacés. Pas de transactions sur ce point. L'illustre Canovas l'a promis, il n'y faillira pas. Dans la mémorable séance du 9 mars il a renouvelé ses promesses avec énergie et en termes d'une sublime éloquence.

Il est un fait certain, c'est que tous les partis veulent maintenir cette colonie sous le glorieux drapeau de l'Espagne. Il n'y a que des malentendus entre quelques hommes dont le patriotisme est ardent et à toute épreuve : ces malentendus cesseront pour le bien de la patrie. Le Gouvernement sait que les réformes sont nécessaires, mais pour éviter des bouleversements, il veut procéder avec une sage lenteur ; il faut concilier les intérêts de la Métropole avec ceux de Cuba ; il ne faut pas que des réformes précipitées viennent bouleverser le Budget de l'Espagne. — On est d'accord en principe, on ne diffère que sur l'application. — La prudence et la sagesse triompheront.

3 % Espagnol.

La Dette 3 % Espagnole se divise en deux : La Dette Intérieure et la Dette Extérieure.

Le 3 % Intérieur se négocie assez rarement à Paris ; il fait l'objet de quelques transactions en banque ; il est coté d'habitude 1 fr. ou 1 fr. 25 meilleur marché que l'Extérieur. Les coupons se paient à Madrid. Grâce à la facilité des communications, grâce à la bonne organisation des postes, il est facile d'en opérer le recouvrement ; du reste moyennant une très faible rétribution les banquiers se chargent de ce soin.

Le 3 % Extérieur est l'objet d'échanges très animés. Nous avons étudié cette valeur il y a trois ans, et depuis nous avons, comme il a été dit plus haut, constaté une hausse énorme : De 9 fr. 50 les cours se sont élevés jusqu'à 17 fr. 50 sur toutes les places de l'Europe, grande étape qui sera suivie d'un rapide mouvement en avant. Les deux plus grands marchés, Paris et Londres, tiennent la corde. On ne tardera pas à lire les prix de 20 à 25 fr.

Les titres de rente extérieure sont facilement négociables; ils sont divisés en coupures de 6, 12, 24, etc., piastres, soit 32 fr. 40, 64 fr. 80, 129 fr. 60, etc., de rente, portant les lettres de série A, B. C, etc.

Les coupons se paient à Paris, à la Commission des Finances d'Espagne, fin juin, fin décembre; les changeurs et banquiers les recueillent en Province, et se chargent d'en faire tenir le montant à leurs clients, moyennant une légère Commission, souvent gratis.

Au cours actuel de la rente le revenu est d'environ 6 %. Mais les porteurs ou les acheteurs actuels ne doivent pas oublier la loi de 1876 présentée au Congrès par M. Salaverria.

A partir du 1er janvier 1877 et pendant 5 ans, il sera payé un coupon annuel de 1 %, c'est-à-dire que le revenu est réduit à $^1/_5$. A partir de 1882 le Gouvernement espagnol promet de porter la somme payée à 1 $^1/_4$ p. %. En 1882 il s'entendra avec les créanciers pour améliorer graduellement leur position, jusqu'au jour où le 3 % sera intégralement payé. Combien sera belle alors la situation des acheteurs à 9 fr. $^1/_2$, qui auront plus de 30 %, et à 17 $^1/_2$, cours actuel, qui toucheront plus de 17 %.

Le Gouvernement s'est engagé, il tiendra parole; il en aura les moyens. Les Ministres qui se sont succédé ont parfaitement été d'accord, et nos études actuelles ont surtout pour but de démontrer que les engagements pris sont proportionnés aux forces de l'État.

Les financiers ont vu de bon œil le Gouvernement continuer le système des amortissements mensuels. Ils produisent très bon effet. Les critiques sont très mal fondées, et on a parfaitement raison de ne pas en tenir compte. Chaque mois a lieu à Madrid, au siége de la Direction générale de la Dette, une enchère de titres 3 % Extérieur et Intérieur, jusqu'à concurrence d'environ un million de pesetas. Les annonces paraissent dans les journaux plusieurs jours à l'avance.

Le public connaît les motifs qui ont fait réduire les intérêts de la dette ; mais il sait aussi que cette réduction a été faite provisoirement et après entente préalable. Nous ne parlerons certes pas ici de la Grèce, de la Turquie, du Honduras, mais qu'a fait l'Italie ? Elle a frappé sans dire gare les coupons d'une retenue de 13 fr. 20 °/₀ et elle a apporté à leur encaissement de bien gênantes entraves par la présentation des titres et la formalité de l'Affidavit. Qu'a fait l'Autriche ? Elle a déduit 16 °/₀ sur les intérêts. — Que font certains États de l'Amérique, la Virginie, par exemple ? Ils ont réduit le capital de 30 °/₀, puis de 50 °/₀, mesure d'une iniquité révoltante.

Le Gouvernement espagnol a donné la plus grande publicité au règlement de sa Dette ; l'appui des porteurs ne lui a pas manqué dans les jours difficiles ; leur confiance est et sera largement récompensée.

2 °/₀ Espagnol.

Nous appellerons d'une manière toute spéciale l'attention de nos lecteurs sur un titre excellent, justement apprécié depuis deux ans surtout, et dont le public a saisi l'importance à cause de la plus-value considérable qu'il acquiert de jour en jour. Il fonctionne à peu près comme notre rente 3 °/₀ amortissable, et comme les obligations que la banque hypothécaire de France vient d'émettre avec tant de succès : Remboursement de tout le capital par tirages avec une forte prime dans un délai plus ou moins rapproché. Il ne s'agit pas d'une loterie, qui donne la fièvre à tout le monde mais qui ne favorise qu'un très petit nombre ; ici des résultats nets, clairs, faciles à compter, et non de rares produits du hasard ; tous les porteurs quels qu'ils soient, sont remboursés à un moment donné avec gros avantages ; pas de déception, mais certitude complète.

Nous voulons parler de la dette publique d'Espagne extérieure 2 °/₀. Son émission fut autorisée par la loi du 21 juillet 1821 pour la consolidation en rente 2 °/₀, amortissable en 15 ans, des intérêts de la dette extérieure 3 °/₀ depuis le 1ᵉʳ juillet

1874 à fin décembre 1876. L'importance était de piastres fortes 63,048,000 équivalant à 340,459,200 fr. ou 13,397,700 liv. sterl. Cette rente est payable à Madrid, Paris et Londres, au choix du porteur, par semestres, au 30 juin et 30 décembre, à raison à Paris de 5 fr. 40 la piastre.

Les titres sortis aux tirages sont payables dans ces mêmes villes, et les tirages s'effectuent à la Junta de la dette à Madrid deux fois par an, en juin et décembre. Les numéros sortis sont publiés dans les journaux financiers et dans quelques journaux politiques qui ont des bulletins financiers.

Voici le tableau d'amortissement :

1877	2 %		1885	8 %
1878	3 %		1886	8 %
1879	4 %		1887	8 %
1880	5 %		1888	8 %
1881	6 %		1889	9 %
1882	6 %		1890	9 %
1883	7 %		1891	10 %
1884	7 %			

Les porteurs des premières heures qui ont conservé cette rente gagnent de grosses sommes. Une des causes de la demande continue qui soutient le mouvement se trouve dans ce fait que la plupart des porteurs de titres amortis, au lieu d'attendre l'époque du remboursement, les escomptent à la Banque d'Espagne, et désireux de rentrer dans la valeur, emploient immédiatement le produit de l'Escompte en achats de nouveaux titres.

En 1877 le cours de 2 % était à 23, en 1878 de 33, en 1879 de 38, en 1880 il a été coté à 40 en février dernier. — L'échelle sera gravie jusqu'à 50 fr., prix de remboursement. — Il y a encore de la marge et partant de beaux bénéfices à réaliser.

Obligations Madrid 1868.

On s'occupe beaucoup depuis quelques mois des obligations 1868 de la ville de Madrid. Voici quelques renseignements sur ces titres : En 1868, la ville de Madrid a émis 425,000 titres à 60 fr. remboursables jusqu'en 1938 à 100 fr., rapportant 3 °/₀ d'intérêts. Les cours de cette valeur tombés très bas il y a quatre ou cinq ans sont aujourd'hui à 66 fr. après avoir touché 70 fr., soit au-dessus du prix d'émission mais bien au-dessous du taux de remboursement. Les coupons sont en souffrance depuis janvier 1871, époque antérieure à l'avènement de Don Alphonse XII. Sa Majesté s'est toujours préoccupée de la situation de sa capitale ; il n'a pas voulu qu'elle restât plus longtemps en dehors de l'ordre financier, et des bonnes règles de la probité et du crédit municipal. Les ordres royaux du 6 juin et du 2 novembre 1879 ont été écoutés. Le Conseil muni- cipal voulant mettre fin à une situation irrégulière a adopté le projet de règlement présenté par la Commission des finances. Les dispositions principales consistent en ce que les payements pour intérêts et pour primes ainsi que les tirages pour l'amor- tissement auront lieu avec exactitude ; les arriérés seront liquidés à des conditions inespérées pour les porteurs ; les cou- pons échus en janvier 1879 et 1880 ainsi que la moitié du coupon échu en janvier 1876 seront payés comptant. Les obligations amorties et non payées jusqu'en 1875 se payeront par 100 fr. au comptant, et pour les primes 25 °/₀ au comptant. On fera d'un coup tous les tirages arriérés du 2 janvier 1875 à fin décembre 1879 et le payement se fera aux conditions ci-dessus. Les coupons de 1872 à 1878, et la moitié du coupon de jan- vier 1879, ainsi que les 75 °/₀ des primes obtenues par tous les tirages jusqu'à fin décembre 1879 seront convertis en *carpetas* de dette amortissable sans intérêts.

La Commission, comme le disent très bien dans leur rapport du 20 janvier dernier MM. Edouard Romero, Joseph Moreno et leurs collègues, a atteint la limite du possible. Il ne s'agit pas cette fois d'éluder ni de différer les engagements contractés. Si, contrairement au dire des honorables rapporteurs, il était possible d'accorder davantage, tant mieux. Mais tel qu'il est le règlement de la dette, favorable pour Madrid, est très acceptable pour les créanciers. Plusieurs importants financiers et de nombreux capitalistes donnent leur complet acquiescement. Espérons qu'on en finira bientôt avec cette question plusieurs fois déjà remise sur le tapis.

Conclusion.

Au commencement du règne de S. M. Alphonse XII nous marchions en pionnier, en éclaireur avec quelques rares publicistes qui avaient comme nous confiance dans l'avenir de l'Espagne. Depuis nous sommes devenu un propagateur ardent et persévérant. Malgré quelques critiques grincheux nous n'avons cessé de crier nous aussi « E pur si muove ! » Nous avons dit la vérité, et dire la vérité c'est accomplir un devoir et faire une bonne action. Les chiffres du budget et de la dette ont été rapprochés du tableau des productions, et le public a pu voir tout ce qu'il y a de rassurant dans ces chiffres, puisque le gage de la richesse publique augmente sans cesse. L'Espagne a parcouru depuis quatre ans un grand espace dans la voie du progrès ; certaines gens voudraient la voir aller plus vite. Mais les Espagnols profitant des leçons du passé et voyant les errements de certains peuples, n'agissent pas commercialement parlant avec cet esprit d'aventures et avec cette témérité qui font concevoir les entreprises les plus incertaines, les plus périlleuses ; ils mettent en pratique les meilleurs principes commerciaux, industriels et agricoles. Ils procèdent avec une prudence qui leur évite bien des mécomptes.

Le 2 mars un des écrivains les plus estimés dans le monde financier écrivait les lignes suivantes, qui serviront à notre travail de résumé et de conclusion :

« Comment contester en présence d'un mouvement aussi général, la solidité du marché, la confiance dont il est animé, et l'amélioration notable qui s'est produite dans le crédit de l'Espagne. Ajoutez à cela une reprise générale dans les affaires, la hausse des changes, l'augmentation du trafic des chemins de fer, un mouvement croissant et continu d'exportation. L'argent abonde, le papier flottant disparaît peu à peu de la Bourse, grâce au jeu régulier de l'amortissement ; les contributions produisent plus et sont exactement payées. Tableau rassurant dont le capital et la spéculation ne peuvent manquer de tenir compte.

« Une nation qui s'affirme si bien et qui marche d'un pas si ferme dans la voie des conquêtes pacifiques n'offre-t-elle pas la plus précieuse des garanties ? »

Telle est la vérité, telle est l'expression de nos convictions, basées sur les études les plus sérieuses poursuivies avec opiniâtreté pendant plusieurs années.

Eugène PÉPRATX,

Chevalier d'Isabelle-la-Catholique,

121

www.ingramcontent.com/pod-product-compliance
Lightning Source LLC
Chambersburg PA
CBHW070739210326
41520CB00016B/4503